AF188175

Impressum
Verlag: BABADADA GmbH, Nedderfeld 112 , 22529 Hamburg
Geschäftsführer / Verlagsleitung: Harald Hof
Druck: Books on Demand GmbH, In de Tarpen 42, 22848 Norderstedt

Imprint
Publisher: BABADADA GmbH, Nedderfeld 112 , 22529 Hamburg, Germany
Managing Director / Publishing direction: Harald Hof
Print: Books on Demand GmbH, In de Tarpen 42, 22848 Norderstedt

koulu

دبستان

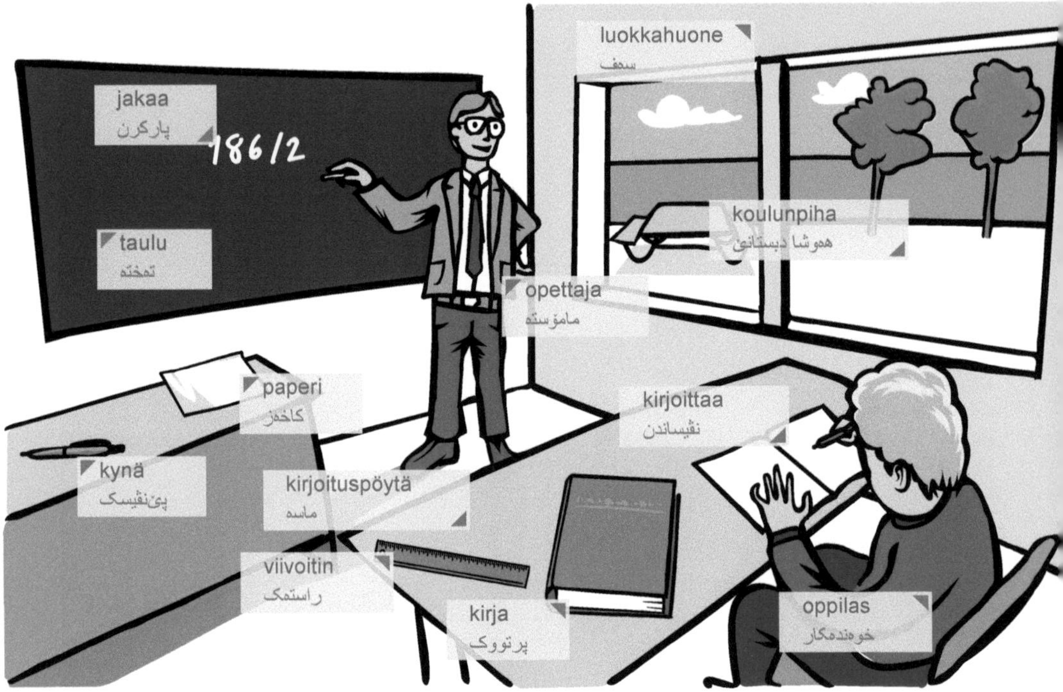

luokkahuone
سەف
jakaa
پارکرن
186/2
koulunpiha
هەوشا دبستانێ
taulu
تەختە
opettaja
مامۆستە
paperi
کاخەز
kirjoittaa
نڤیساندن
kynä
پێنڤیسک
kirjoituspöytä
ماسە
viivoitin
راستەک
kirja
پرتووک
oppilas
خوەندەکار

reppu

چەوال

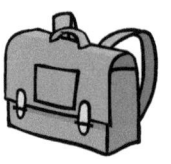

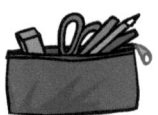

penaali

قووتی نڤیستۆک

lyijykynä

قەلەمرساس

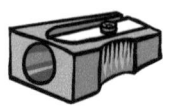

kynänteroitin

نڤیستۆک تووژکر

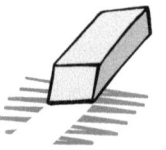

pyyhekumi

ژێبر

piirustuslehtiö

نڤیسکا نیگارێ

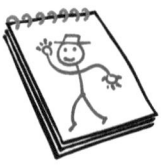

piirustus

نيگار

pensseli

فرچەیا رەنگئ

vesivärit

قووتی رەنگ

sakset

مەقەس

liima

لەزاق

harjoituskirja

پەرتووکا فێربوون

kotitehtävä

وەزیفا مالئ

12

luku

هەژمار

2+2

lisätä

زێدەمکرن

5-2

vähentää

دەرخستن

2×2

kertoa

زێدەمکرن

laskea

هەسباندن

A

kirjain

تیپ

ABCDEFG
HIJKLMN
OPQRSTU
VWXYZ

aakkoset

ئالفابە

sana

پەیڤ

teksti

نڤیسین

lukea

خواندن

liitu

گەچ

oppitunti

دەرس

opettajan muistikirja

قەیدکرن

koe

ئیمتیهان

todistus

شههاده

koulupuku

کنجا دبستانێ

koulutus

پەروەردەهی

sanakirja

زانستنامه

yliopisto

زانینگه

mikroskooppi

میکرۆسکووپ

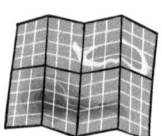

kartta

خەریته

roskakori

سەپێتا کاخەزێ

matka

رێوێتی

hotelli
مێڤانخانە
retkeilymaja
مێڤانخانە
rahanvaihto
ئۆفیسا پەرە ڤەگوهارتنێ
matkalaukku
جەنتە
auto
ماشین
Grand
ROOMS
EXCHANGE

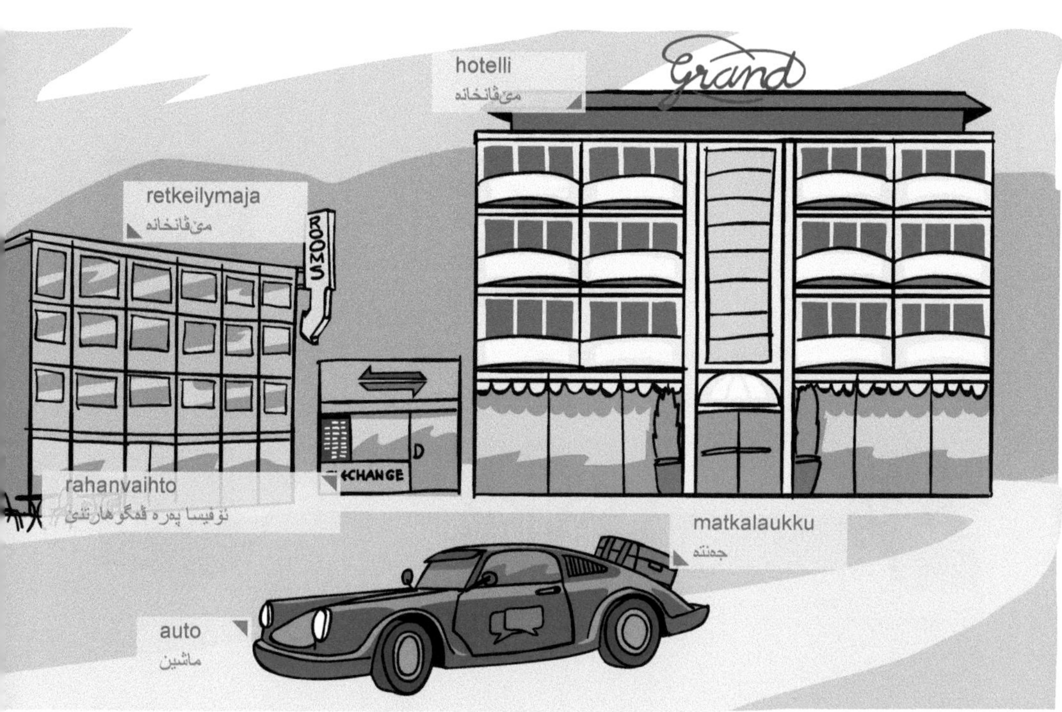

kieli

زمان

kyllä / ei

بەلێ / نا

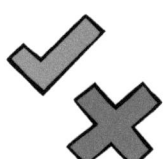

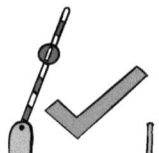

selvä

باش

hei

سلاڤ

tulkki

وەرگێرا نڤیسکی

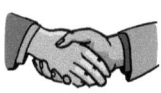

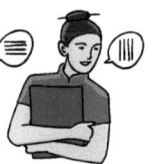

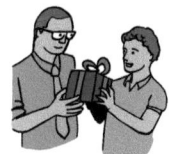

kiitos

سپاس

Paljonko...maksaa?

بهايى ... چ قاسمه؟

en ymmärrä

مكان فام زمن

ongelma

شئاران

Hyvää iltaa!

شارباڤنۇ!

Hyvää huomenta!

سپیدی باش!

Hyvää yötä!

شفقہ باش!

näkemiin

تہ خاتری

suunta

نالی

matkatavarat

هوورموور

laukku

چمنتہ

reppu

چمتہ پشٹ

vieras

مییٔان

huone

ھۆدهن

makuupussi

جامہ خدو

teltta

چادر

turisti-info

ناگاگیرین گەرۆکان

ranta

رەخئ ئاڤئ

luottokortti

کارتئ قەرزی

aamupala

تاشتئ

lounas

فراڤین

päivällinen

شیڤ

matkalippu

کارت

hissi

ئاسانسۆر

postimerkki

پوول

raja

تخووب

tulli

گومرک

suurlähetystö

بالیۆزخانە

viisumi

ڤیزا

passi

پاساپۆرت

kuljetus

گوهازتن

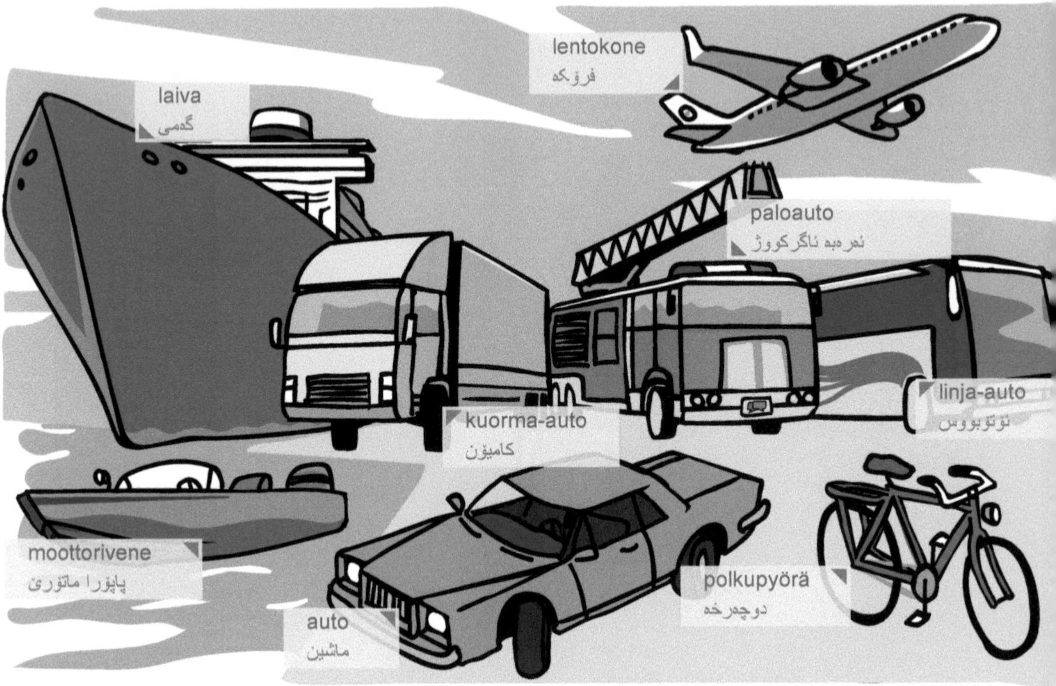

lentokone
فڕۆكه
laiva
گەمی
paloauto
ئۆتۆمبێلی ئاگرکووژ
linja-auto
ئۆتۆبووس
kuorma-auto
کامیۆن
moottorivene
پاپۆڕا ماتۆری
polkupyörä
دوچەرخە
auto
ماشین

lautta

پاپۆڕ

vene

پاپۆڕ

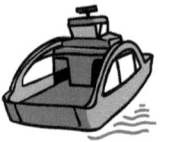

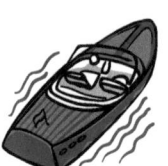

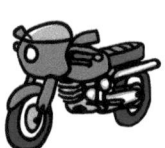

moottoripyörä

مۆتۆرسیکلێت

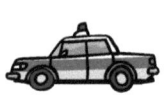

poliisiauto

ترمبێلا پۆلیسێ

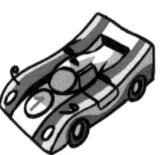

kilpa-auto

ترمبێلا پێشبازیێ

vuokra-auto

ئۆتۆمبێلی کرێگرتن

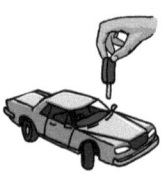

car sharing

ماشین پەرهەمکرن

hinausauto

کامیۆنا کشاندنێ

roska-auto

کامیۆنا خوطی

moottori

مۆتۆرسیکلەنت

polttoaine

مازۆت

huoltoasema

نیستەگەها بەنزینی

liikennemerkki

تابلۆیا ترافیکێ

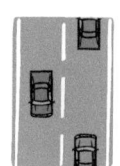

liikenne

هاتنووچوون

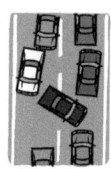

ruuhka

ترافیک

parkkipaikka

جهێ پارکێ

rautatieasema

راوستەگا ترێنێ

raiteet

رێچ

juna

ترێنن

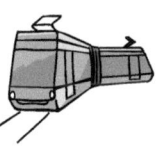

raitiovaunu

ترێنێ کۆلانێ

vaunu

ئەرەبە

helikopteri

بابرۆک

lentokenttä

بالافرگمه

lähilennonjohto

برج

matkustaja

مسافر

kontti

قووتى

pahvilaatikko

قووتى

kärryt

گرگرۆک

kori

سەلکە

nousta / laskea

رابوون / نیشتن

kaupunki

kylä

گوند

keskusta

ناڤەندا باژارى

talo

خانى

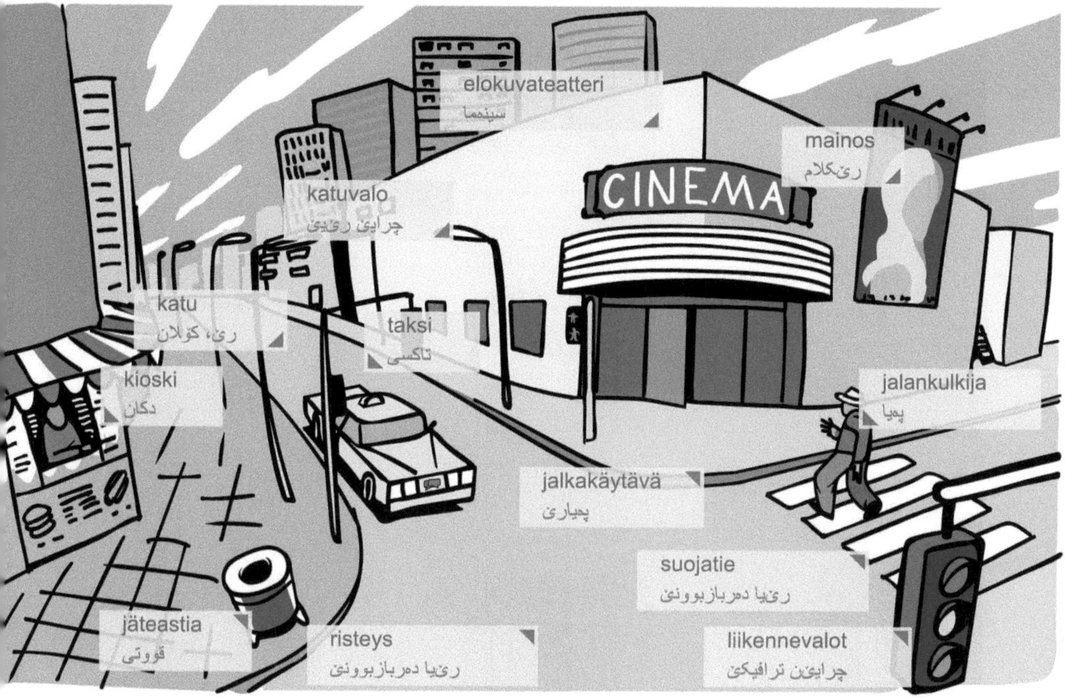

elokuvateatteri
سینەما

mainos
رێکلام

katuvalo
چرایی رێگان

CINEMA

katu
رێ، کۆلان

taksi
تاکسی

kioski
دکان

jalankulkija
پەیا

jalkakäytävä
پیارە

suojatie
رێیا دەربازبوونێ

jäteastia
قووتی

risteys
رێیا دەربازبوونێ

liikennevalot
چرایێن ترافیکێ

mökki
کۆخ

kerrostalo
خانی

rautatieasema
راوەستمگا ترێنێ

kaupungintalo
تەملارا شارەۆانی

museo
موورزمخانە

koulu
دبستان

yliopisto

زانینگه

pankki

بانک

sairaala

نمخوشخانه

hotelli

مێهمانخانه

apteekki

دهرمانخانه

toimisto

ئۆفیس

kirjakauppa

کتێبفرۆشی

liike

دکان

kukkakauppa

گولفرۆش

supermarketti

بازار

tori

بازار

tavaratalo

سوپهرمارکت

kalakauppias

ماسیفرۆش

ostoskeskus

ناوهندا کرین

satama

بهندهر

puisto

پارک

penkki

سەكوو

silta

پر

portaat

دەرنجە

metro

ژێر زەمینێ

tunneli

تووننێل

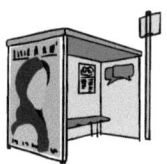

linja-autopysäkki

ئیستگەها ئۆتۆبووس

baari

بار

ravintola

خوارنگەە

postilaatikko

سندووقا پۆستێ

katukyltti

نیشاندەرکا رێیێ

parkkimittari

مەترا پارکینگێ

eläintarha

باخچا هەیوانان

uimala

هەوزا مەلەڤانێ

moskeija

مزگەفت

maatila

جوتگەه

ympäristön saastuminen

ژوتاندنا دەردۆر

hautausmaa

گۆرستان

kirkko

کەنیسە

leikkikenttä

نەردئ لەیستنئ

temppeli

پەرستگەه

---

maisema

تەبیەت

lehti — گەلا

tienviitta — نیشاندەرکا رئ

tie — رئ

niitty — مێرگ

kivi — کەڤر

puu — دار

retkeilijä — گەرزۆک

joki — چەم

ruoho — گیا

kukka — کولیلک

laakso

دۆڵ

vuori

گر

järvi

گۆڵ

metsä

دارستان

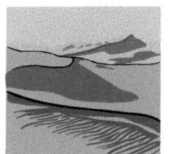

aavikko

بیابان

tulivuori

قوڵكان

linna

كەلمە

sateenkaari

كەسكەسوّر

sieni

كۆارك

palmu

دارقەسپ

hyttynen

مخمخک

kärpänen

مەش

muurahainen

مێرى

mehiläinen

هنگ

hämähäkki

پیرێ

kovakuoriainen

کۆزک

sammakko

بۆق

orava

سهۆر

siili

ژیژۆک

jänis

کهرگوه

pöllö

پهپروک

lintu

چڤیک

joutsen

قوو

villisika

بهرازی کۆڤی

peura

پهزکۆڤی

hirvi

پهزکۆڤی

pato

بهنداڤ

tuulimylly

توربینا با

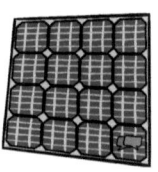

aurinkopaneeli

پانهلا خۆری

ilmasto

ناڤ و هموا

ravintola

خوارنگەه

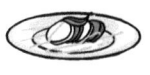

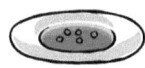

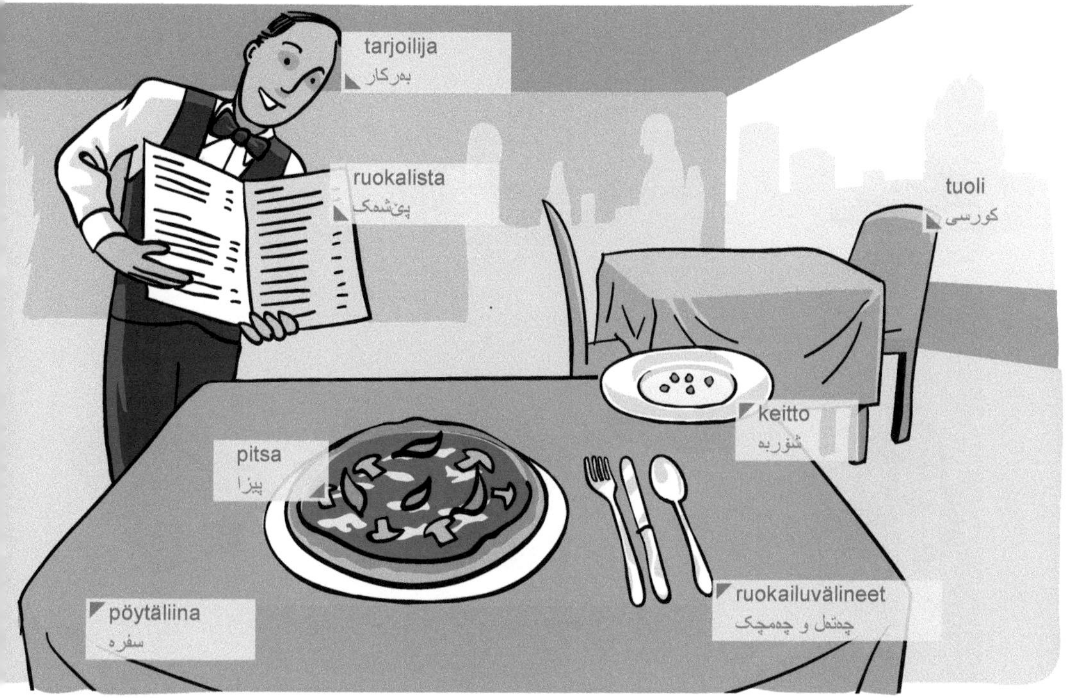

tarjoilija
بەرکار
ruokalista
پێشەک
tuoli
کورسی
keitto
شۆربە
pitsa
پیزا
pöytäliina
سفرە
ruokailuvälineet
چەتەل و چەمچک

alkuruoka

خوارنا دەستپێک

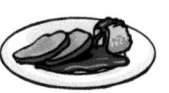

pääruoka

خوارنا سەرەکی

jälkiruoka

شیرانی

juomat

ڤەخوارنان

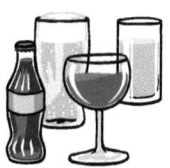

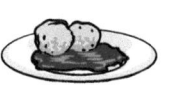

ruoka

خوارن

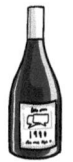

pullo

جام

pikaruoka

خوارنا لەز

katuruoka

خوارنا رێیی

teekannu

چایدانک

sokeriastia

قووتی شەکری

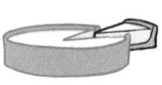

annos

بەش

espressokeitin

مەکینا چێکرنێ نەسپرەسسۆ

syöttötuoli

کورسیا بلیند

lasku

هەساب

tarjotin

سێنی

veitsi

کێر

haarukka

چمتەل

lusikka

کەفچی

teelusikka

کەفچیا چای

servietti

پێشگر

lasi

قەدەهە

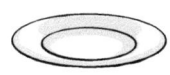

lautanen

تەيفك

syvä lautanen

تەيفكا شۆربه

aluslautanen

پياله

kastike

چێنج

suolasirotin

خوێدانک

pippurimylly

قووتى بيبار

etikka

سێک

öljy

روون

mausteet

بهارات

ketsuppi

کەتچاپ

sinappi

موستارد

majoneesi

مايۆنێز

supermarketti

بازار

tarjous
پێشکێشێن تایبەت
asiakas
مشتەری
maitotuotteet
شیرەمەنی
FOR
hedelmät
فێکی
ostoskärryt
ئەرەبە

BUTCHERS

teurastamo

قەسابی

BAKERY

leipomo

دکانا نانپێژ

punnita

وەزن کرن

kasvikset

سەوزە

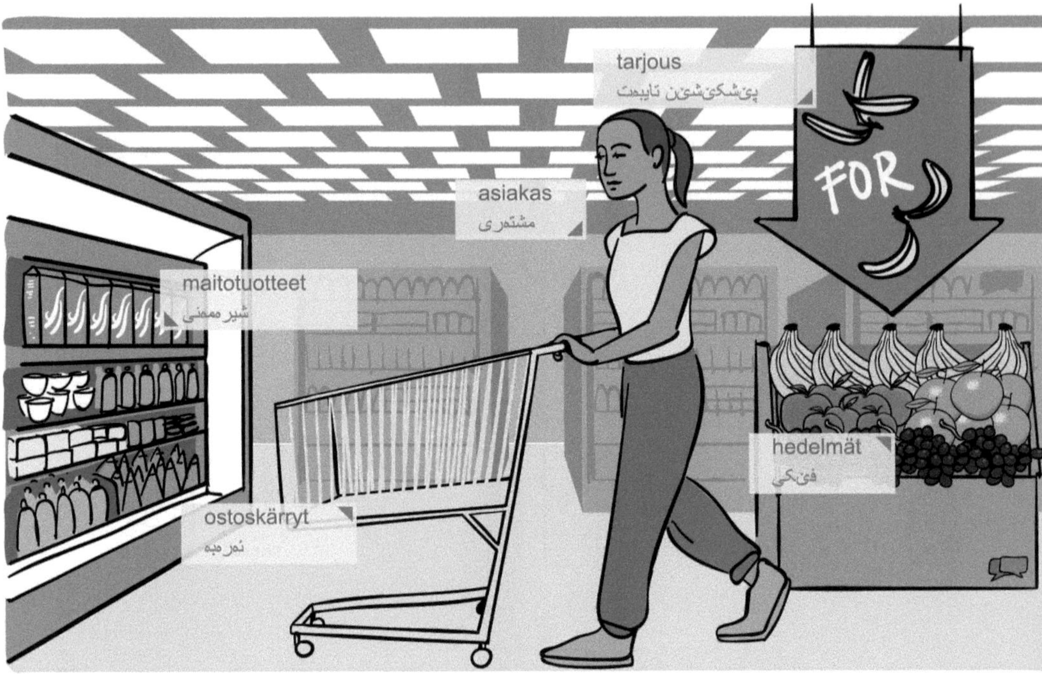

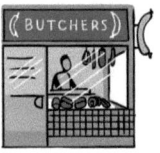

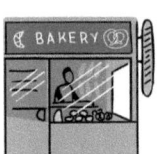

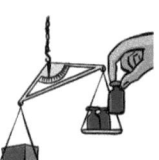

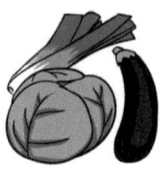

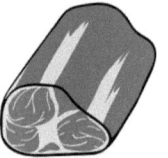

liha

گۆشت

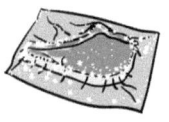

pakasteet

خوارنێ جەمەدی

leikkele

گۆشتێ سار

säilykkeet

خوارنا پێلێ

pesujauhe

خوبارێ پاقژکرنێ

makeiset

شرینی

kotitaloustarvikkeet

بەرهەمێن ناڤخودیی

puhdistusaineet

بەرهەمێن پاقژکرنێ

myyjä

فرۆشیار

kassa

خەزنۆک

kassanhoitaja

درافگر

ostoslista

لیستا کرینێ

aukioloajat

دەمێن قەمکری

lompakko

جزدان

luottokortti

کارتێ قەرزی

kassi

چەوال

muovipussi

چەنتە

vesi

ئاڤ

mehu

تەمریبش

maito

شیر

kokis

كۆمر

viini

شەراب

olut

بیرا

alkoholi

ئالكۆل

kaakao

كاكوۆ

tee

چای

kahvi

قەهوە

espresso

ئەسپیرەسسۆ

cappuccino

كاپوۆچینۆ

banaani

مۆز

omena

سىئف

appelsiini

پرتەقالى

meloni

گوندۆر

sitruuna

لیمۆن

porkkana

گىزەر

valkosipuli

سیر

bambu

قامر

sipuli

پیقاز

sieni

قارچک

pähkinät

گەویز

spagetti

شهیرە

spagetti

سپاگێتتی

riisi

برنج

salaatti

سەلەتە

ranskalaiset

چیپس

paistetut perunat

پەتەتەیا براشتی

pitsa

پیزا

hampurilainen

هامبورگەر

voileipä

نانۆک

leike

گۆشتی ستووی بەرخی

kinkku

گۆشتی هشككری

salami

سالامی

makkara

سۆسیس

kana

مریشک

paisti

بژارتن

kala

ماسی

kaurahiutaleet

شۆربه بلوول

mysli

موسلى

murot

كەرتىن گلگلان

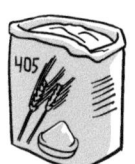

jauho

نارد

voisarvi

جرۆسسانت

sämpylä

سەمدون

leipä

نان

paahtoleipä

تۆست

keksit

نانك

voi

نۆيشك

rahka

ماست

kakku

كوليچه

kananmuna

هێك

paistettu kananmuna

هێكا قەڵاندى

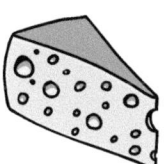

juusto

پەنير

jäätelö

دۆندرمه

sokeri

شهکر

hunaja

هنگێ

hillo

مربا

suklaapähkinälevite

خامهيا نۆوگات

curry

کورى

maatila

جۆتگەه

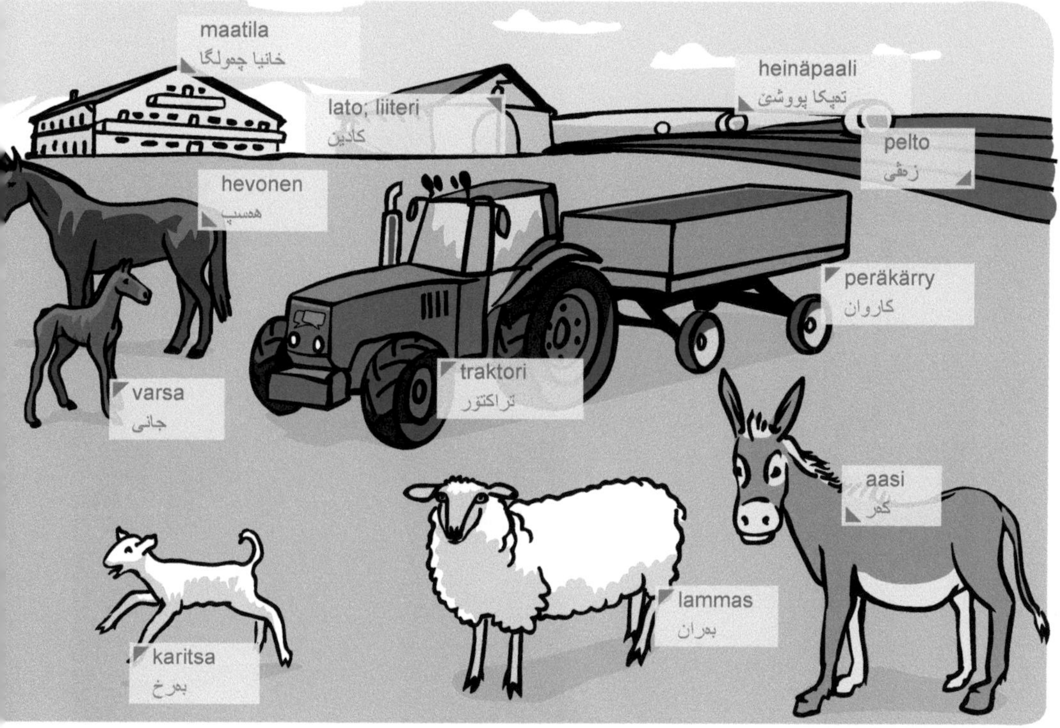

maatila
خانیا چەولگا
lato; liiteri
کادین
heinäpaali
تەپکا پووشێ
pelto
زەڤی
hevonen
هەسپ
peräkärry
کاروان
traktori
تراکتور
varsa
جانی
aasi
کەر
lammas
بەران
karitsa
بەرخ

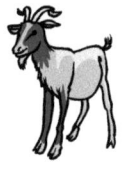

vuohi
....
بزن

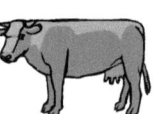

lehmä
....
چێلەک

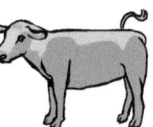

vasikka
....
گۆلک

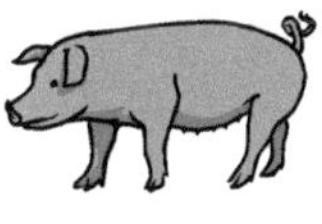

sika
....
بەراز

porsas
....
خنزیرک

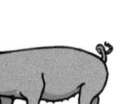

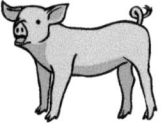

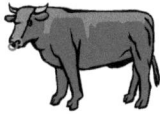

sonni
....
بۆخە

hanhi

قاز

ankka

مراغی

tipu

جوروچک

kana

مریشک

kukko

کەلەشیر

rotta

جرج

kissa

كتك

hiiri

مشک

härkä

گا

koira

کوروچک

koirankoppi

خانیا کووچکن

puutarhaletku

خانى باخن

kastelukannu

قووتیكا ئافدانئ

viikate

شالووک

aura

گاسن

sirppi

داس

kuokka

مەربیۆر

talikko

دارسایک

kirves

بڕ

kottikärryt

دەستگەرە

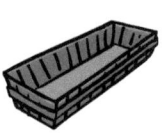

kaukalo

قووتی خوارنا جانداران

maitokannu

قووتی شیر

säkki

توور

aita

چەپەر

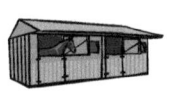

talli

ناخور

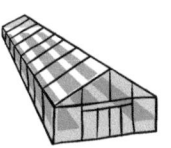

kasvihuone

خانا کۆلیلکان

maa

ناخ

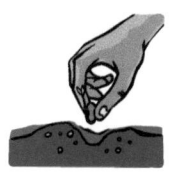

siemen

دەمندک

lannoite

پەیین

leikkuupuimuri

کۆمباین

kerätä sato

زاد

sato

زاد

jamssit

پەتەتە

vehnä

گەنم

soija

فاسۆلى

peruna

پەتەتە

maissi

دەخل

rypsi

دەندک

hedelmäpuu

دارێ فێنکى

maniokki

سیڤۆى بن ئەردى

vilja

زاد

savupiippu
كولمك

katto
بانى

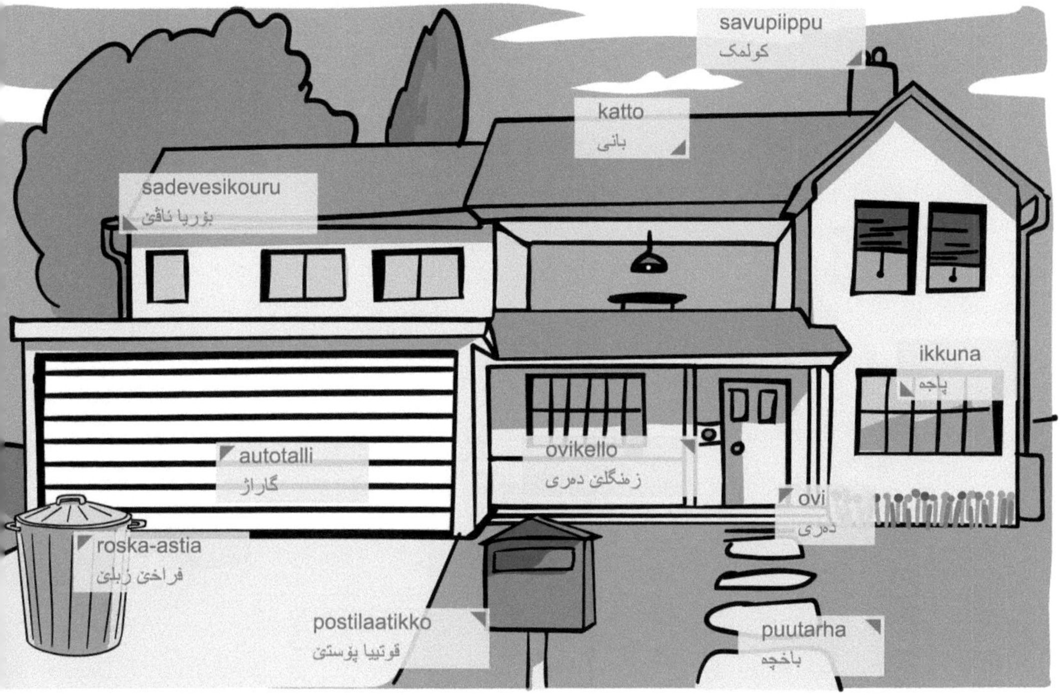

sadevesikouru
بۆريا ئاڤى

ikkuna
پاجه

autotalli
گاراژ

ovikello
زەنگلىئ دەرى

ovi
دەرى

roska-astia
فراخئ زبلئ

postilaatikko
قوتييا پۆستئ

puutarha
باخچه

olohuone

نۆدا رووونشتنئ

kylpyhuone

هممام

keittiö

ممتّبمخ

makuuhuone

نۆدا خموئ

lastenhuone

نۆدمىا زارۆک

ruokahuone

نۆدا شىڤئ

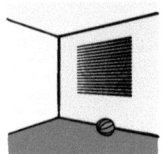

lattia

بنی

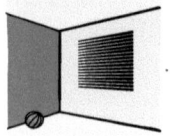

seinä

دیوار

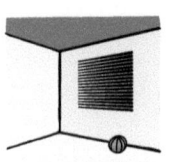

katto

بەربان

kellari

خەنزک

sauna

ساونا

parveke

بالکۆن

terassi

بەردانک

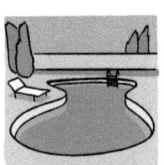

uima-allas

هەوزا مەلەڤانی

ruohonleikkuri

چیمەن بڕ

lakana

مەلھەفە

päiväpeitto

بەتانی

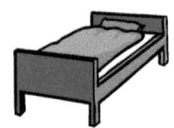

sänky

نڤین

harja

گەزک

ämpäri

ساتل

katkaisin

کلیل

olohuone

ئۆدا روونشتنێ

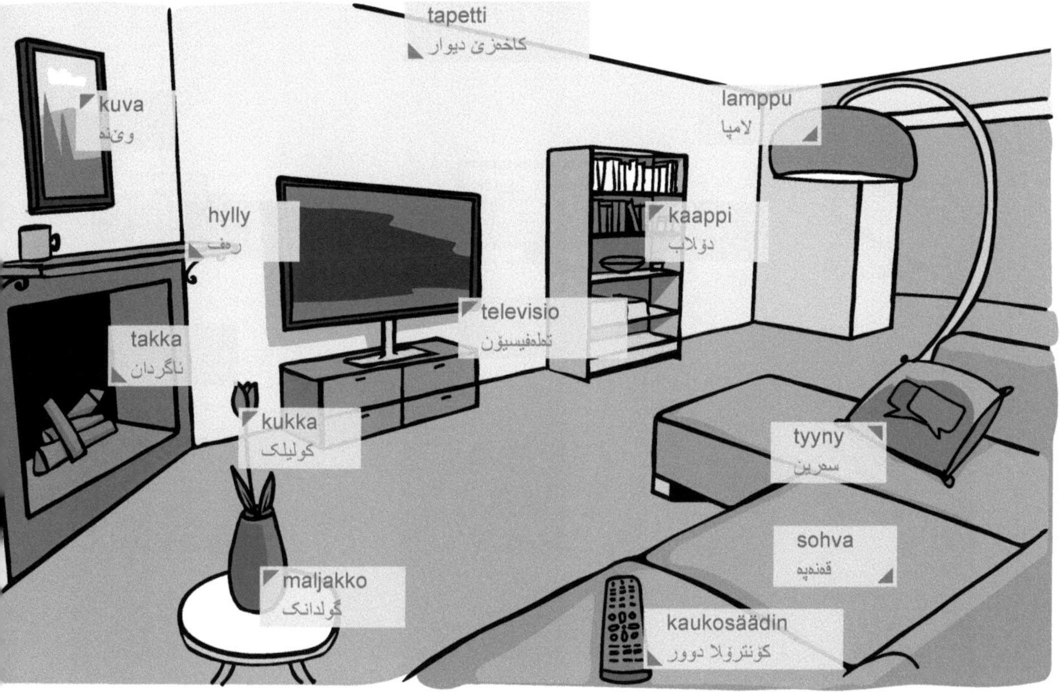
tapetti
كاخەزێ ديوار
kuva
وێنە
hylly
ڕەف
takka
ناگردان
kukka
گولیلک
maljakko
گولدانک
televisio
تەلەفیسیۆن
kaappi
دۆلاب
lamppu
لامپا
tyyny
سەرین
sohva
قەنەپە
kaukosäädin
کونترۆلا دوور

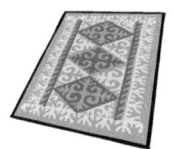

matto

خالیچە

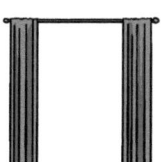

verho

پەردە

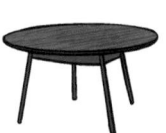

pöytä

مێز

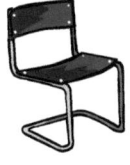

tuoli

کورسی

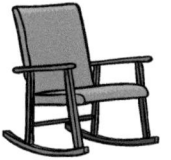

keinutuoli

کورسیا هەژانۆک

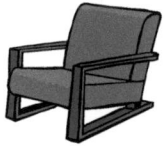

nojatuoli

کورسی

kirja

پرتووک

peitto

بەتانی

koriste

خەملاندن

polttopuut

ئێزنگ

elokuva

فیلم

stereot

هـ‌ف

avain

کلیل

sanomalehti

رۆژنامه

maalaus

نیگار

juliste

پۆستەر

radio

رادیۆ

muistivihko

دەفتەر

pölynimuri

سڕینەکا ئەلمەکتریکی

kaktus

کاکتووس

kynttilä

مۆم

keittiö

مەتبەخ

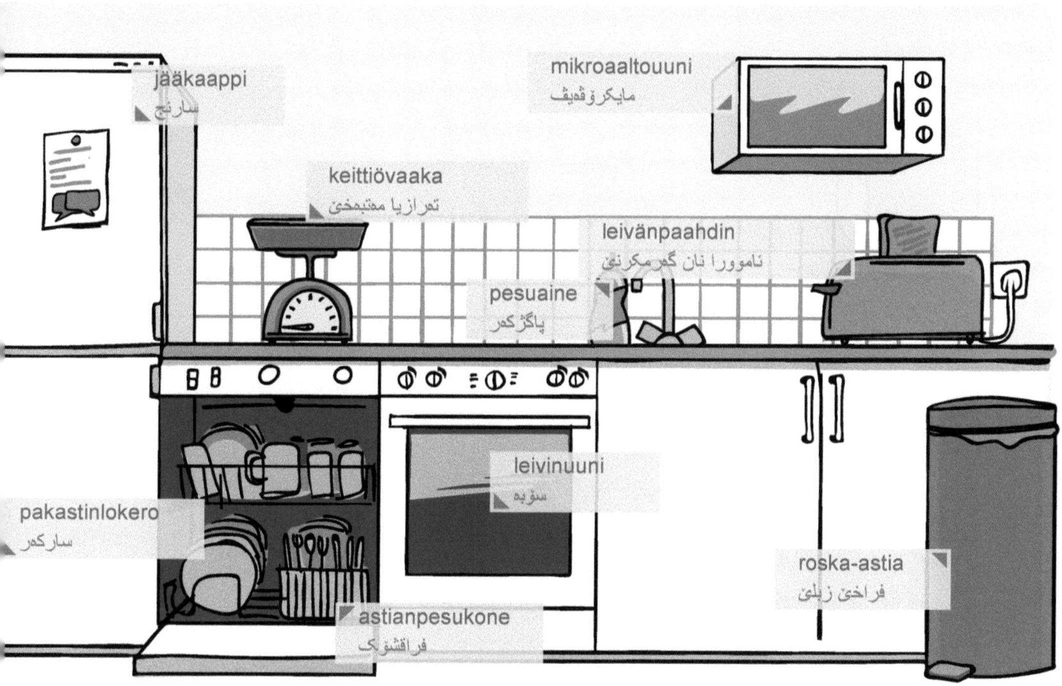
jääkaappi
سارنج
mikroaaltouuni
مایکرۆڤەیڤ
keittiövaaka
تەرازیا مەتبەخێ
leivänpaahdin
ئاموورا نان گەرمکرنێ
pesuaine
پاگژکەر
leivinuuni
سۆبە
pakastinlokero
سارکەر
roska-astia
فراخێ زبلێ
astianpesukone
فراقشۆیک

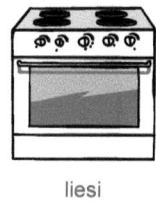

liesi

سۆبە

kattila

ئامان

rautapata

ئامای ئووتوو

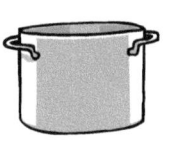

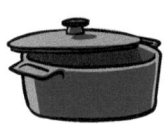

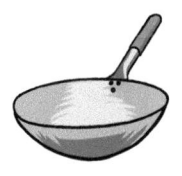

okkipannu / kadai-pannu

فراقێ مەزن

paistinpannu

دیزک

teepannu

کەلینک

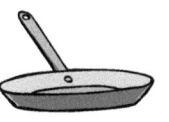

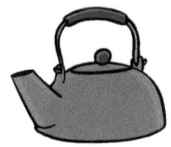

höyrykeitin

فراقئ هلمئ

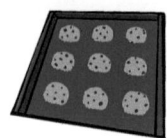

uunipelti

سئنی نانئ

astiat

فراق

muki

پیاله

kulho

کاسک

syömäpuikot

دارئ نانخوارن

kauha

همسک

paistinlasta

کفچیا ممزن

vispilä

رينمک

siivilä

کفمگير

siivilä

بئژ ٔنگ

raastin

رئشکمر

mortteli

دستار

grilli

براشتن

avotuli

ناگرئ ڤالا

leikkuulauta

تەختەیا برینێ

kaulin

داركێ تیرێ

korkinavaaja

دەفک بادەمک

purkki

قووتی

purkinavaaja

قووتیڤەکر

pannulappu

جاوێ ئامانان

lavuaari

دەستشۆ

tiskiharja

فرچە

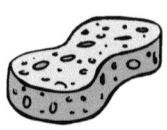

pesusieni

پارازۆا

tehosekoitin

تەفدێر

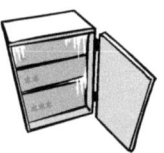

pakastin

ساركەرێ جەمەدی

tuttipullo

شووشە ببکان

vesihana

هەنەفی

kylpyhuone

هەمام

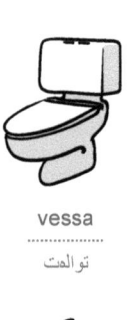

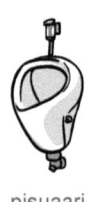

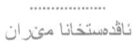

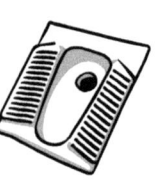

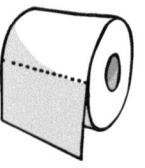

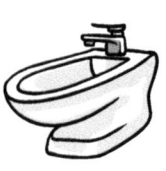

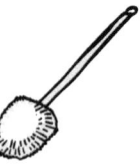

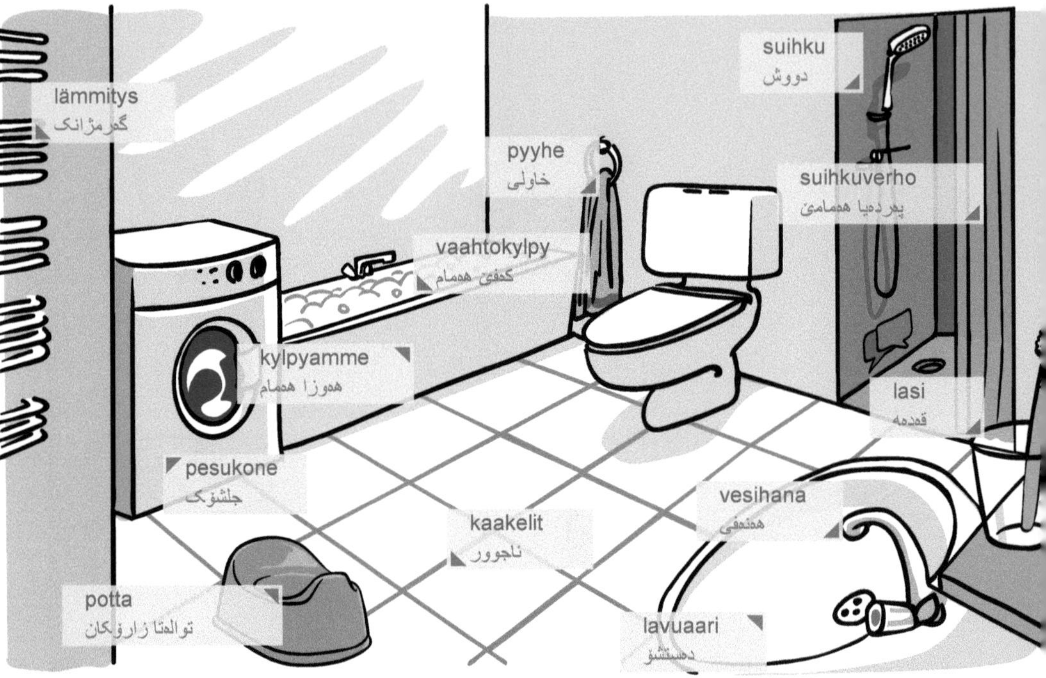

lämmitys
گەرمژانک
pyyhe
خاولی
suihku
دووش
suihkuverho
پەردەیا هەمامێ
vaahtokylpy
کەفێ هەمام
kylpyamme
هەوزا هەمام
lasi
قەدەه
pesukone
جلشۆک
vesihana
هەنەفی
kaakelit
ئاجوور
potta
توالەتا زارۆکان
lavuaari
دەستشۆ

vessa

توالەت

kyykkyvessa

توالەتا ئەردێ

bidee

توالەت

pisuaari

ئاقدەستخانا مێران

vessapaperi

کاخەزا توالەت

vessaharja

فرشەیا توالەت

hammasharja
فرچهٔ دندان

hammastahna
خمیردندان

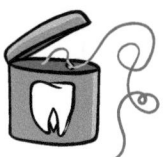

hammaslanka
نخ دندان

pestä
شوشتن

käsisuihku
دوشی دستی

intiimisuihku
دوش

pesuvati
دستشۆ

selkäharja
فرچهٔ پشت

saippua
سابوون

suihkugeeli
جێلئ هدمام

shampoo
شامپۆ

pesulappu
فانیله

viemäri
زێراب

voide
کرێم

deodorantti
بێهن خۆشکر

peili

مرێک

käsipeili

مرێکا دەستێ

partaveitsi

گووزان

partavaahto

کەفێ تەراشینێ

partavesi

ممجوونا پشتێ تەراشینێ

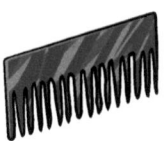

kampa

شەه

harja

فرچە

hiustenkuivaaja

پۆر هیشککر

hiuslakka

سپرایا پۆرێ

meikki

کۆزمەتیک

huulipuna

سۆرافک

kynsilakka

رەنگێ نینۆک

pumpuli

پەمبوو

kynsisakset

مەقەستا نینۆک

hajuvesi

پارفووم

kosmetiikkalaukku

چموالئ ھەمامئ

jakkara

کورسیا بێپشت

vaaka

تەرازی

kylpytakki

کنجا ھەمامئ

kumihansikkaat

لەپکا لاستیکئ

tamponi

تامپۆن

terveysside

خاولیا پاقژکرنئ

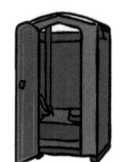

kemiallinen wc

توالەتا کیمییدوی

lastenhuone

ئۆدەیا زارۆک

herätyskello
دەمژمێرک
pehmolelu
لیستۆک
leikkiauto
ماشینا لیستۆک
helistin
خشخشۆک
nukkekoti
مالا لیستۆک
lahja
خەلات

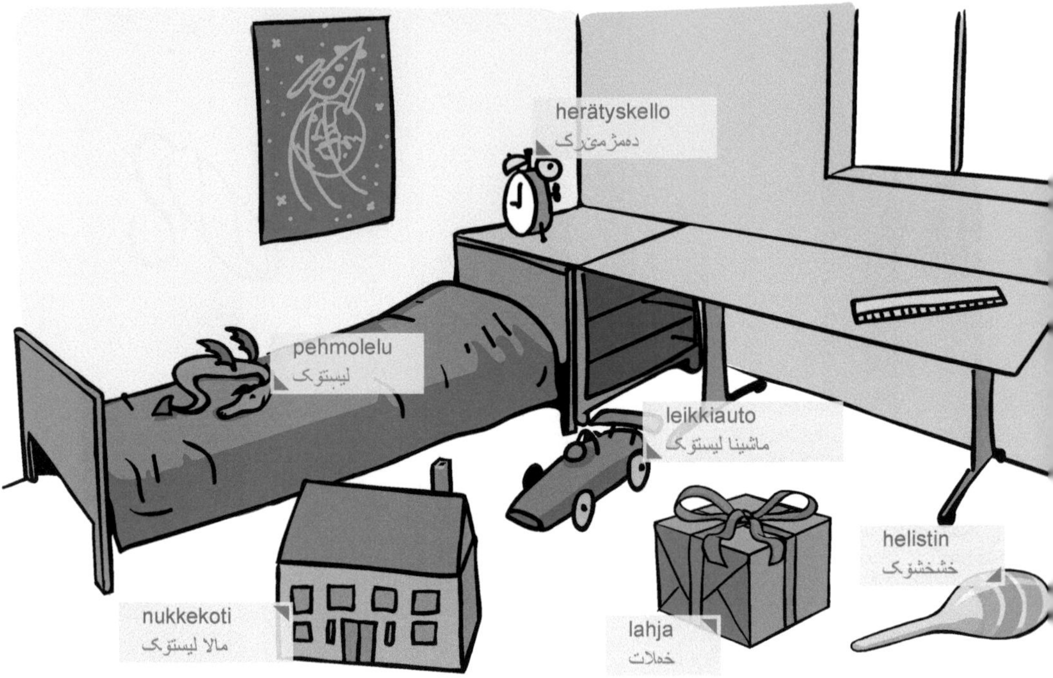

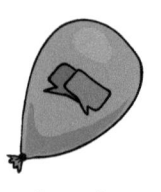

ilmapallo

پفدانک

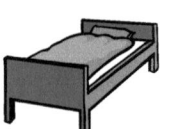

sänky

نڤین

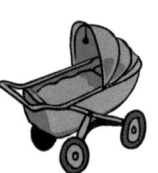

lastenvaunut

کۆچک

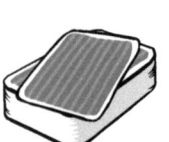

korttipeli

لیستکا کارتێ

palapeli

فریزبی

SUPER MEGA

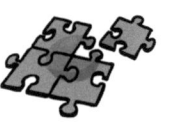

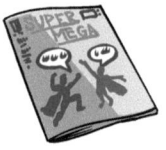

sarjakuva

کۆمیک

legopalikat

ناجوورا لێگۆ

rakennuspalikat

ناجوورا لیستۆک

supersankari

بووکه شووشه

potkupuku

کنجا بەبکان

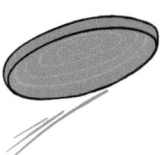

frisbee

فرزبێ

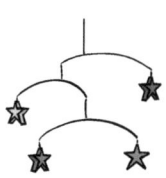

mobile

فمگو هەمستن

lautapeli

لیستکۆن تەختە

noppa

مۆر

pienoisjunarata

مۆدێلا ترێنی

tutti

مەمک

juhlat

جەژن

kuvakirja

کتێبا وێنە

pallo

تۆپ

nukke

بووکه شووشه

leikkiä

لەیستن

hiekkalaatikko

کونا خیزئ

keinu

جۆلانه

lelut

لیستۆکان

pelikonsoli

لیستکا ڤیدهۆیی

kolmipyörä

سێچهرخه

nalle

هرچا لیستۆک

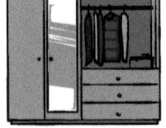

vaatekaappi

جلدانک

vaatteet

کنج

sukat

گۆره

nylonsukat

گۆره

sukkahousut

دهرپێنگۆرئ

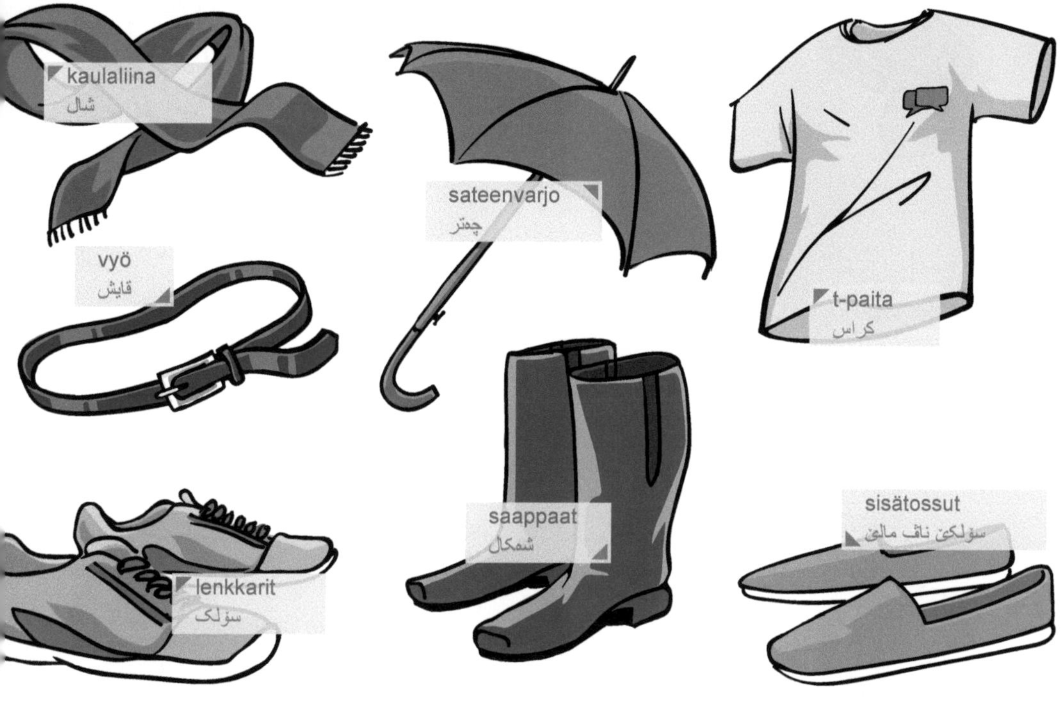

kaulaliina
شال

sateenvarjo
چادەر

vyö
قايش

t-paita
كراس

saappaat
شمكال

sisätossut
سۆلكىن ناڤ مالىن

lenkkarit
سۆلک

sandaalit
....
سۆلک

kengät
....
سۆل

kumisaappaat
....
پۆتينا چەرمىن

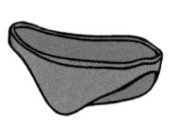
alushousut
....
پانتۆلىن ژئر

rintaliivit
....
پئستيربەند

aluspaita
....
چمكبەند

body

جمندمک

housut

پانتۆل

farkut

ژ مانس

hame

دامان

pusero

کراس

paita

کراس

villapaita

فانێله

collegepaita

فانێله

jakku

جاکێت

takki

ساکۆ

takki

چاکەت

sadetakki

بارانی

puku

لەباس

mekko

فیستان

hääpuku

جلی داوەتی

puku

چاكىت

yöpaita

پیۑجامە

pyjama

پیۑجامە

shari

سارى‌ئ

päähuivi

لەچەك

turbaani

مەزەر

burka

ھەرام

kaftaani

كافتان

abaya

ئەبيا

uimapuku

كنجا ئاژ‌نىكرن

uimahousut

جلكا معلعقانى

shortsit

شۆرت

verkkarit

جلا هەۑقۇژكارى

esiliina

پیۑشمال

käsineet

لەپک

nappi

دوگمه

silmälasit

چاۆک چاۆک

rannekoru

بازن

kaulakoru

گەردەنی

sormus

گوستیل

korvakoru

گوهارک

lippalakki

دەڤک

ripustin

هلاۆستەمک

hattu

کووم

solmio

کراوات

vetoketju

زیپ

kypärä

سەرپارێز

henkselit

دەرزی

koulupuku

کنجا دبستانئ

univormu

یوونیفۆرم

ruokalappu

بەردلک

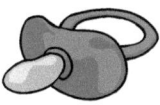

tutti

مەمک

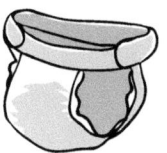

vaippa

پونداخ

toimisto

ئۆفیس

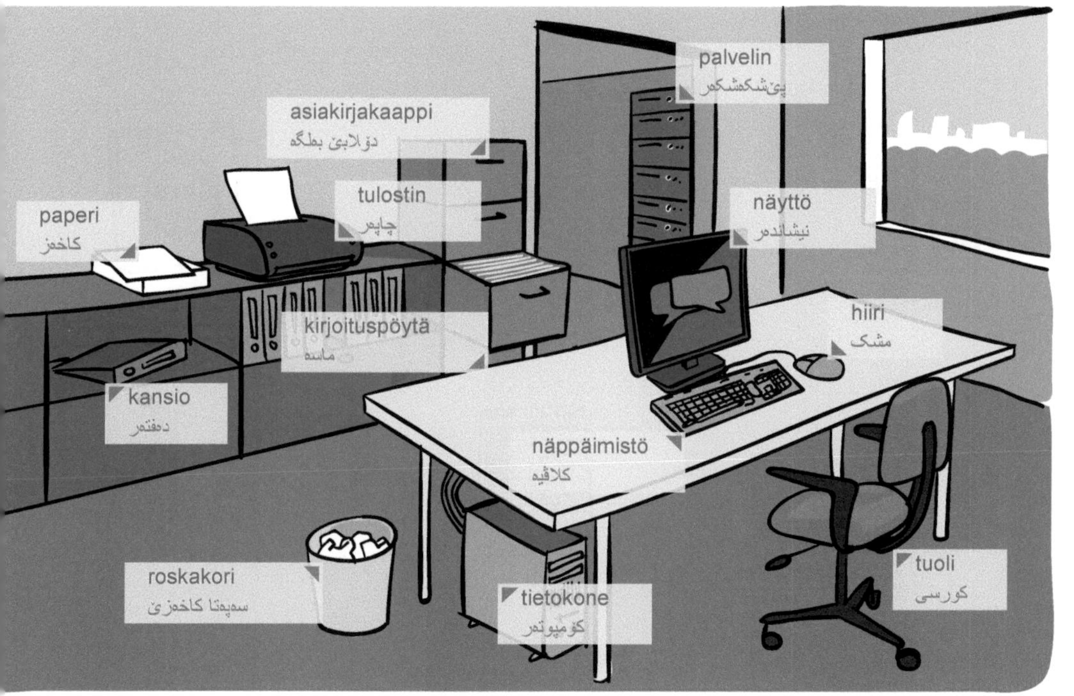

palvelin

پێشکەشکەر

asiakirjakaappi

دۆلابی بەلگە

tulostin

چاپەر

näyttö

نیشاندەر

paperi

کاخەز

kirjoituspöytä

ماسە

hiiri

مشک

kansio

دەفتەر

näppäimistö

کلافیە

roskakori

سەبەتا کاخەزی

tietokone

کۆمپیوتەر

tuoli

کورسی

kahvimuki

کاسکا قەهوە

taskulaskin

هەسابکەر

internet

ئینتەرنەت

kannettava tietokone

كۆمپيوتېرا لاپتوپ

kirje

نامه

viesti

پەيام

kännykkä

تەلەفۆنا مۆبيل

verkko

تور

kopiokone

مەكينا فۆتوكۆپيى

ohjelmisto

سۆفتوارە

puhelin

تەلەفۆن

pistorasia

سۆجكەتا فيشەمك

faksi

مەكينا فاخئ

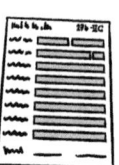

lomake

فۆرم

asiakirja

بەلگە

ostaa

کرین

maksaa

پەرە دان

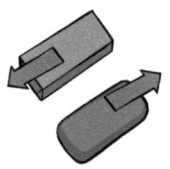

vaihtaa

بازرگانی

raha

پەرە

dollari

دۆلار

euro

یۆرۆ

jeni

یەنی ژاپۆنی

rupla

رۆبلێ رووسی

frangi

فرانکێ سویسی

renminbi juan

یوانێ چینی

rupia

رووپیێ هندی

pankkiautomaatti

ممکینا ژخوەبەرا دراڤ

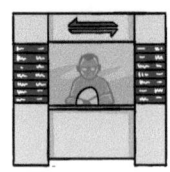

rahanvaihto

ئۆفىسا پەرە قەگۇھارتنى

kulta

زىر

hopea

زىڭ

öljy

نەفت

energia

وزه

hinta

بھا

sopimus

پەيمان

vero

تاخ

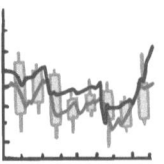

osake

سەھام

työskennellä

كاركرن

työntekijä

كاركەر

työnantaja

كاردا

tehdas

فابرىكا

liike

دكان

poliisi
پۆلیس

palomies
ناگرکوژ

kokki
ناشیاز

lääkäri
پزیشک

lentäjä
فرۆکەشان

puutarhuri

باخچەوان

puuseppä

نەججار

ompelija

دروونقان

tuomari

هاکم

kemisti

شیمیازان

näyttelijä

شانۆگەر

linja-autonkuljettaja

شوفێری باسێ

taksinkuljettaja

شوفێرەمکی تاکسیی

kalastaja

ماسیقان

siivooja

پاکژکەر

katontekijä

چێکری بانی

tarjoilija

بەرکار

metsästäjä

نێچرقان

maalari

ڕەنگرێس

leipuri

نانپێژ

sähköasentaja

کارەباقان

rakentaja

ناقاکەر

insinööri

ئەندمزیار

teurastaja

قەساب

putkiasentaja

لوولەمکار

postinjakaja

پۆستەقان

sotilas

ئەسكەر

arkkitehti

میمار

kassanhoitaja

درافگر

floristi

فرۆتكارا چیچەكان

kampaaja

پۆرچنكەر

konduktööri

ناژۆڤان

mekaanikko

مەكانیک

kapteeni

كەشتیڤان

hammaslääkäri

پزیشكا ددانان

tiedemies

زانستیار

rabbi

رووهان

imaami

ئیمام

munkki

كەشە

pappi

كەشیش

työkalut
ئامووران

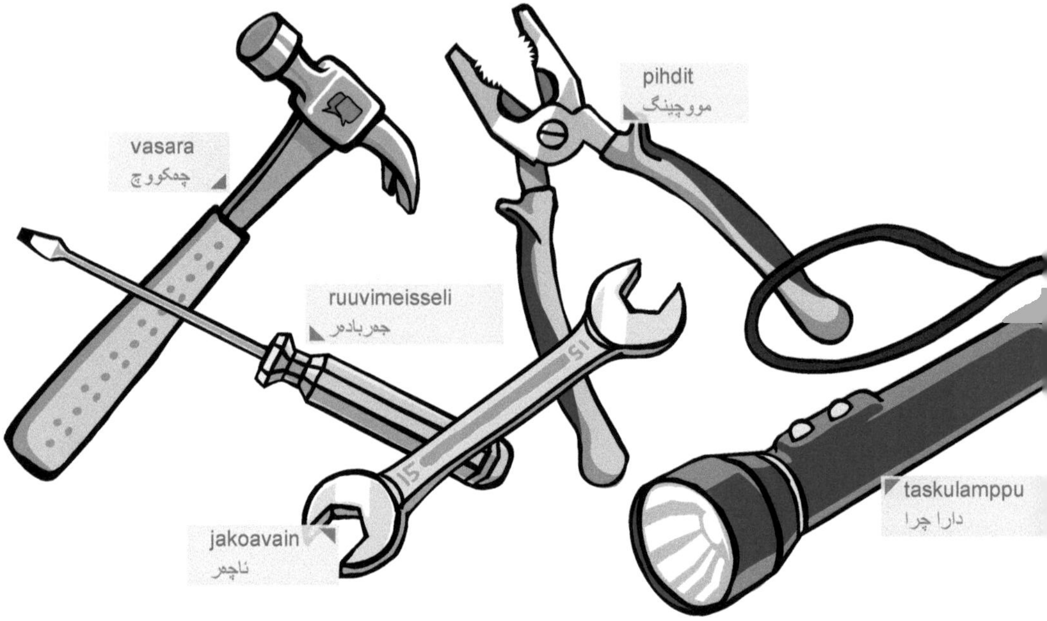
vasara
چەکووچ
pihdit
مووچینگ
ruuvimeisseli
جەربادەر
jakoavain
ئاچەر
taskulamppu
دارا چرا

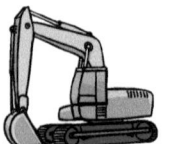

kaivinkone

شۆفەل

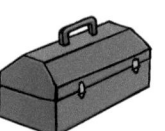

työkalupakki

قووتیا ئامووران

tikkaat

پەیژە

saha

مشار

naulat

میخ

pora

قولکرن

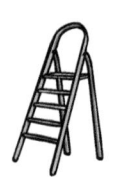

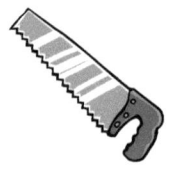

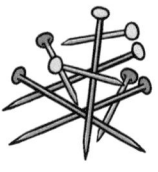

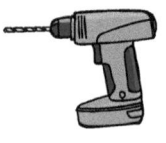

korjata

چێنکرن

lapio

مەربێر

Hitto!

نالەت!

rikkalapio

بێل

maalipurkki

قووتیا رەنگێن

ruuvit

جەر

soittimet

ئامووریێن موزیکێ

kaiuttimet
بلیندگۆ

rummut
كۆمێ دەهۆل

kitara
گیتار

kontrabasso
جۆرهیا گیتار

trumpetti
زرنا

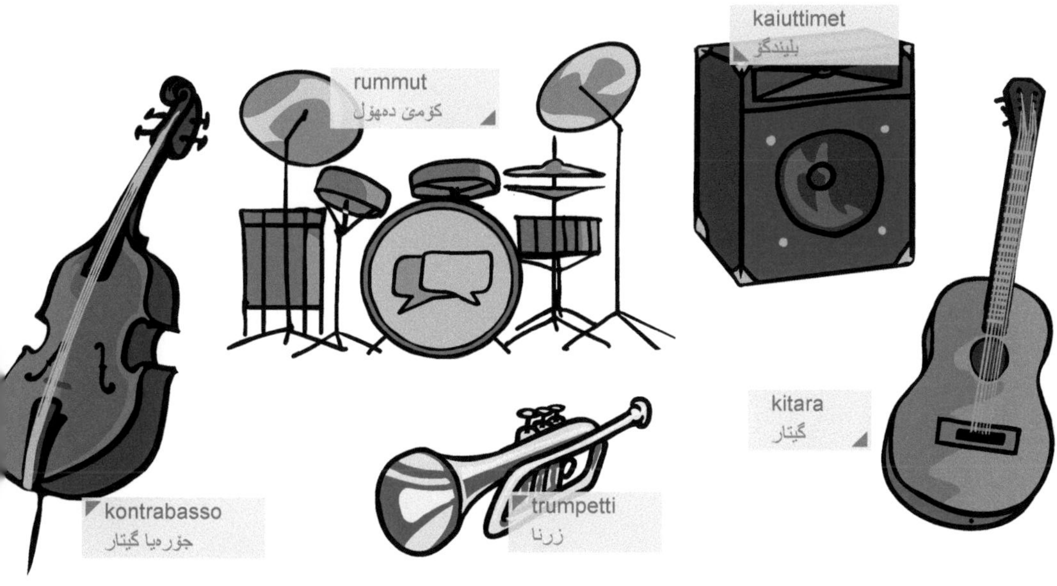

piano

پیانۆ

viulu

ڤیۆلین

basso

باس

patarummut

دەهۆل

rumpu

داهۆل

kosketinsoitin

کێبیۆارد

saksofoni

ساکسۆفۆن

huilu

بلوور

mikrofoni

میکرۆفۆن

eläintarha

باخچا هەیوانان

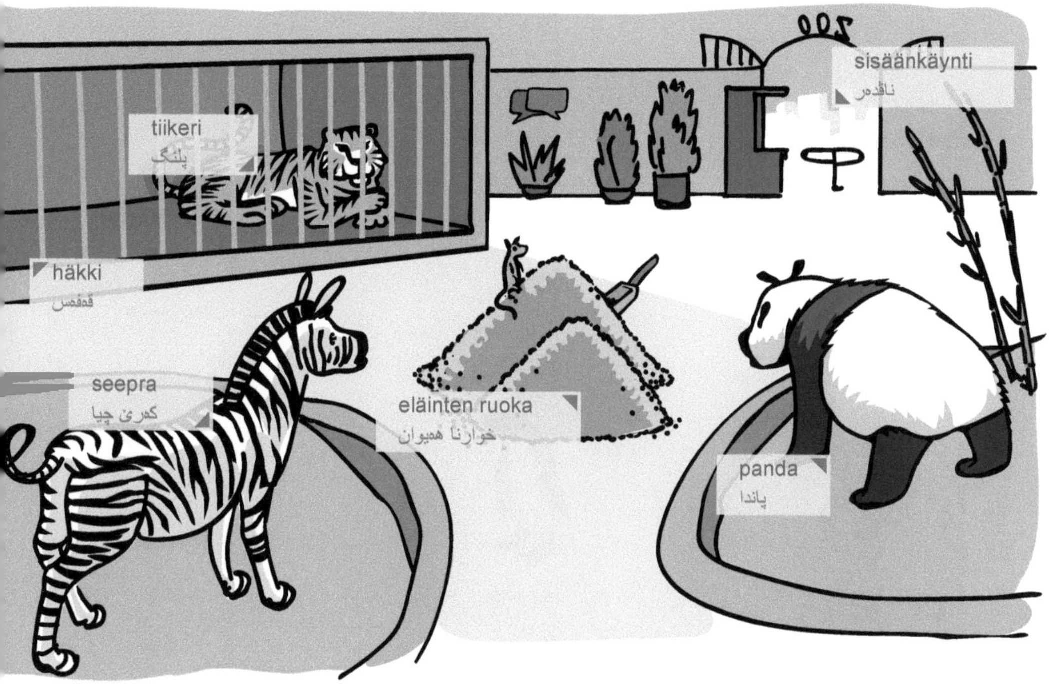

sisäänkäynti
ناقدەر
tiikeri
پلنگ
häkki
قەفەس
seepra
کەرێ چیا
eläinten ruoka
خوارنا هەیوان
panda
پاندا

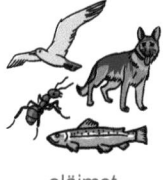

eläimet

هەیوان

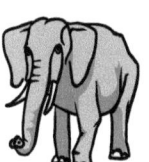

norsu

فیل

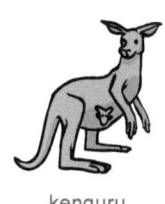

kenguru

کانگاروو

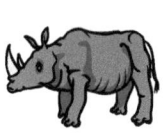

sarvikuono

کەرکەدەن

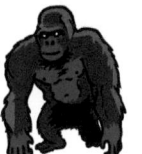

gorilla

گۆریل

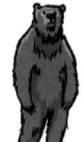

karhu

هرچ

kameli

هوشتر

strutsi

هوشترمد

leijona

شێر

apina

مەیموون

flamingo

فلامینگۆ

papukaija

پاپاخان

jääkarhu

هرچا جەمسەری

pingviini

پەنگوین

hai

سەماسی

riikinkukko

تاووس

käärme

مار

krokotiili

تمساح

eläintarhanhoitaja

پارێزەرا باخچا ئاژەلان

hylje

سەیا دەریا

jaguaari

پلنگ

poni

هەسپ

leopardi

پلنگ

virtahepo

هەسپی رووبار

kirahvi

جانهئشتر

kotka

هەلۆ

villisika

بەرازی کۆڤی

kala

ماسی

kilpikonna

کووسی

mursu

والراس

kettu

رۆڤی

gaselli

خەزال

amerikkalainen jalkapallo
فووتبۆلئ ئامېرىكا

pyöräily
بىسكلېتان

tennis
تەننىس

koripallo
باسكېتبۆل

uinti
ناقۇئمئىكرن

jääkiekko
ھۆكەيا سەر جەممەدئ

nyrkkeily
بۆخنگ

jalkapallo

فووتبۆل

sulkapallo

بادمنتۆن

yleisurheilu

يى ناتلەتىزمئ

käsipallo

ھەمندبۆل

hiihto

بەفراژۆتن

poolo

پۆلۆ

hypätä هليپكه

nauraa كمنين

halata همبيّز

kävellä برىّفِمچوون

laulaa لاوژه گوتن

unelmoida خەون دیتن

rukoilla نمێژ کرن

suudella ماچکرن

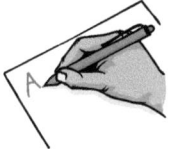

kirjoittaa

نڤیساندن

piirtää

نيگار کێشان

näyttää

نيشان دان

painaa

پالدان

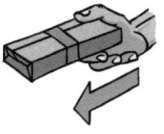

antaa

دايين

ottaa

راکرن

omistaa

همبين

tehdä

کرن

olla

بوون

seisoa

سمكنين

juosta

بازدان

vetää

كشاندن

heittää

نافنتن

kaatua

كفتن

maata

دمرمو كرن

odottaa

سمكنين

kantaa

گوهنزتن

istua

روونشتن

pukeutua

جل بمركرن

nukkua

رازان

herätä

رابوون

katsoa

مۆزه کرن

itkeä

گریِن

silittää

جەلتە

kammata

شە کرن

puhua

پەیڤین

ymmärtää

فامکرن

kysyä

پرسکرن

kuunnella

بهیستن

juoda

قەدخوارن

syödä

خوارن

siivota

کۆم کرن

rakastaa

هەزکرن

keittää

خوارن چێکرن

ajaa

ئاژۆتن

lentää

فِرین

purjehtia

کشتیڤانی

laskea

همسباندن

lukea

خواندن

oppia

هینبوون

työskennellä

کارکرن

mennä naimisiin

زموجین

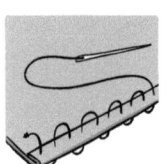

ommella

دروتن

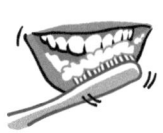

pestä hampaat

ددان شووتن

tappaa

کوشتن

tupakoida

دووخان

lähettää

شاندن

mummo
دپیر

ukki
پاپیر

isä
باڼ

äti
دی

vauva
بوبمکا

tytär
کډح

poika
کور

vieras
مئغان

täti
تمه

setä
ناپ/خال

veli
برا

sisko
خوشل

vartalo

بەدەن

otsa
ئەنی
silmä
چاڤ
kasvot
روو
leuka
زەنی
sormet
تلی
olkapää
مل
käsi
دەست
jalka
لنگ
käsivarsi
پیل
rinta
سینگ

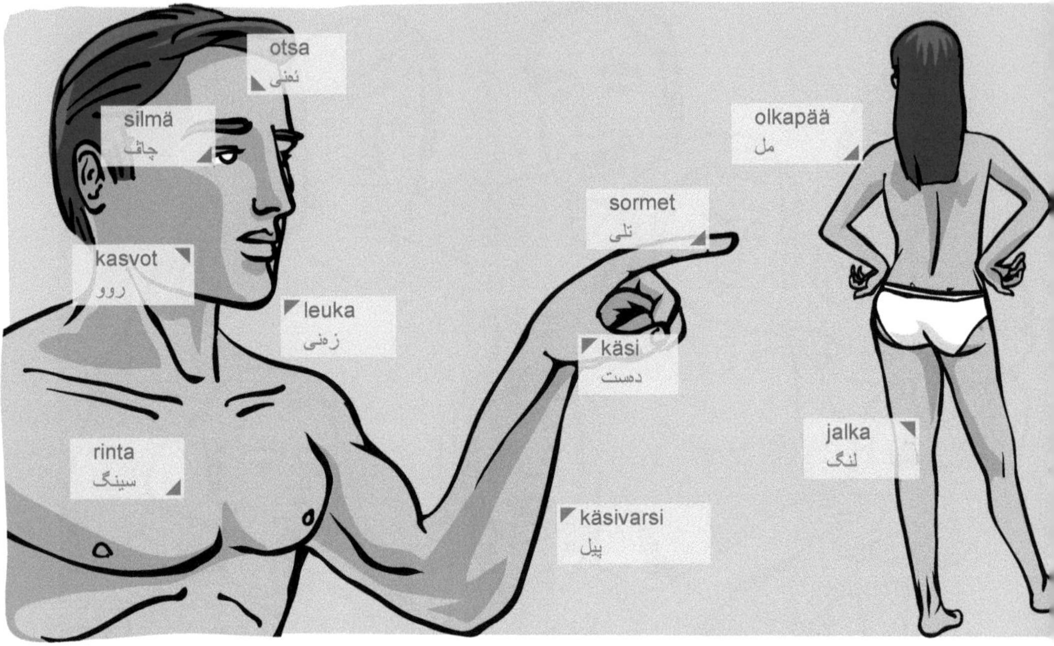

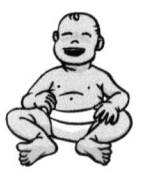

vauva

بەبەک

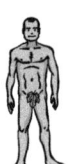

mies

مێر

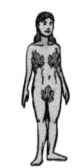

nainen

ژن

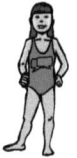

tyttö

کچ

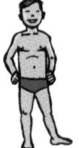

poika

کۆر

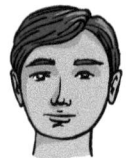

pää

سەر

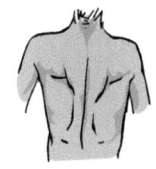

selkä

پشت

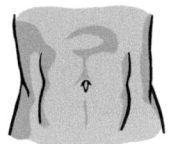

maha

زک

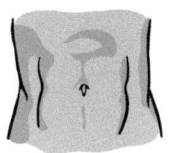

napa

ناف‌ک

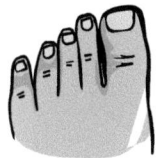

varvas

تلیا پن

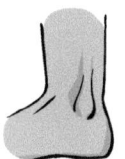

kantapää

پانی

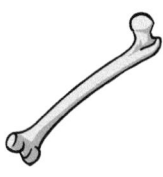

luu

هستی

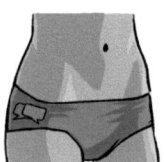

lantio

کولیممک

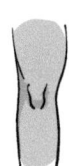

polvi

ژوونی

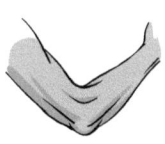

kyynärpää

نمنیشک

nenä

دفن

takapuoli

قوون

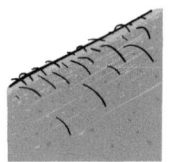

iho

چرم

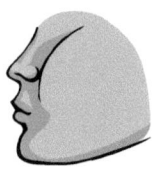

poski

روو

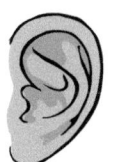

korva

گووه

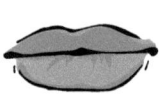

huuli

لونف

suu

دەف

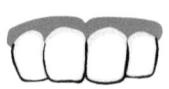

hammas

دران

kieli

زمان

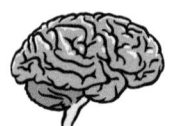

aivot

مێژی

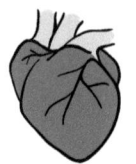

sydän

دل

lihas

ماسوول

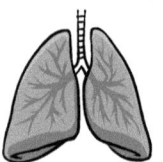

keuhkot

جیگەرا سپی

maksa

جەگەر

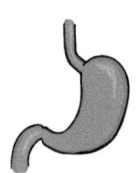

vatsa

ماده

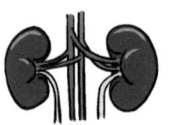

munuaiset

گوورچکان

seksi

جۆتبوون

kondomi

کۆندۆم

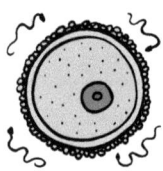

munasolu

هێک

sperma

تۆڤ

raskaus

دووجانی

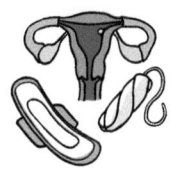

kuukautiset

هاداهن

vagina

زووق

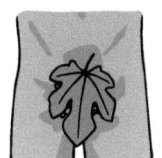

penis

ريك

kulmakarvat

ووربر

hiukset

رۆپ

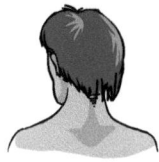

niska

ووٮسووه

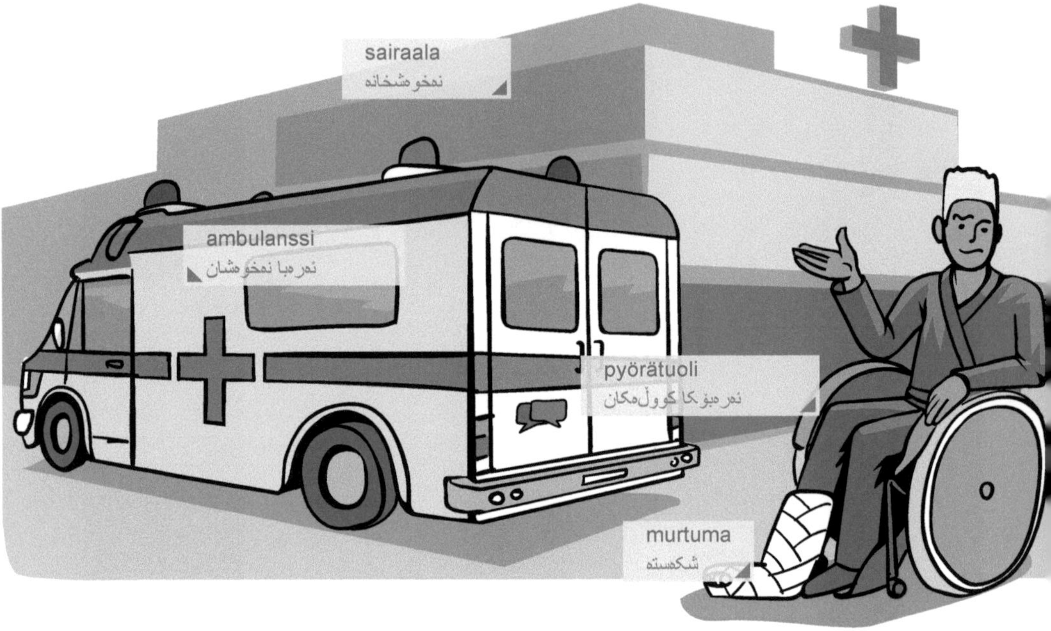

sairaala

نەخوەشخانە

sairaala
نەخوەشخانە
ambulanssi
ئەرەبا نەخوەشان
pyörätuoli
ئەرەبۆکا گوولەکان
murtuma
شکەستە

läākäri
....
بژیشک

ensiapu
....
ئۆدا لەزگینێ

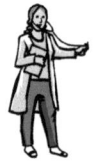

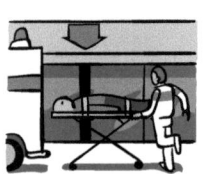

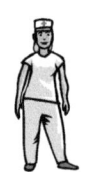

sairaanhoitaja
....
نەخوەشیار

hätätilanne
....
ئاجیلییەت

tajuton
....
بێهای

kipu
....
ئێش

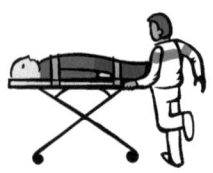

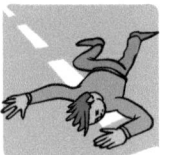

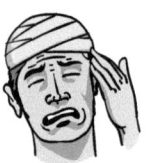

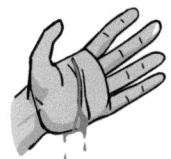

vamma

برين

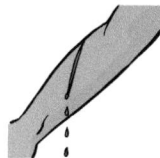

verenvuoto

خوێنپژان

sydänkohtaus

هێرشا دلی

aivoinfarkti

جەڵتە

allergia

ئالەرژی

yskä

كوخك

kuume

تا

flunssa

زكام

ripuli

ناڤچووین

päänsärky

سەرێش

syöpä

قانسێر

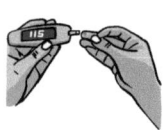

diabetes

نەخوشیا شەكری

kirurgi

نەمەلیكار

veitsi

سكالپێل

leikkaus

نەمەلی

ct

جت

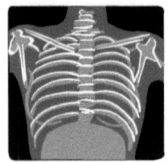

röntgen

سوورەتی رۆنتگێن

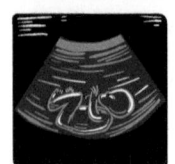

ultraääni

ئوولتراساوند

maski

ماسکی روویی

sairaus

نەخوشی

odotushuone

ئۆدا سەکنینی

sauva

گۆچان

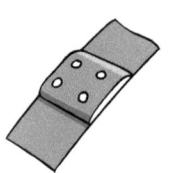

laastari

شیئل

side

پاچی برینپیچانی

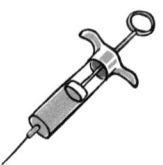

pistos

دەرزی

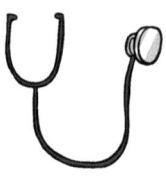

stetoskooppi

بیستۆکا پزیشکی

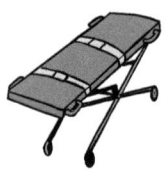

paarit

داربەست

kuumemittari

تیئهنپیقا کلینیکی

syntymä

زایین

ylipaino

قەلەو

kuulolaite

ناليكاريا بهيستنى

desinfiointiaine

باكتريكوژ

infektio

كۆتيبيوون

virus

ڤيرووس

HIV / AIDS

هڤ / نادس

lääke

دەرمان

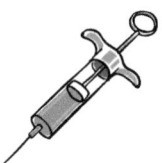

rokotus

كوتان

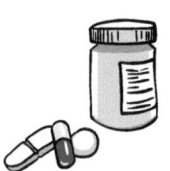

tabletit

هەبان

pilleri

هەب

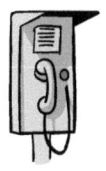

hätäpuhelu

لەزگين

verenpainemittari

ديمەندەرى پەستۆ خوين

sairas / terve

نەخوەش / ساخ

Apua!

ھەوار!

hälytys

ئالارم

ryöstö

شىرەن

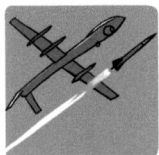

hyökkäys

ئەشىشكرن

vaara

كووالت

hätäuloskäynti

لەجان ئاتنكەركەد

Tulipalo!

ئاگر!

palosammutin

ئۆچۈرگۈچ

onnettomuus

ئازقە

ensiapulaukku

مەكمە يا ئالىكارىا ئالمەتىن

SOS

سۆس

poliisilaitos

پۆلىس

Eurooppa

ئەوروپا

Pohjois-Amerikka

ئامېریكايا باكوور

Etelä-Amerikka

ئامېریكايا باشوور

Afrikka

ئافریكا

Aasia

ئاسىيا

Australia

ئاۋوستراليا

Atlantin valtameri

ئاتلانتىك

Tyynimeri

ئۆكيانوسا ممزن

Intian valtameri

ئۆكيانوسا هندى

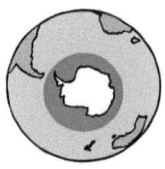

Eteläinen jäämeri

ئۆكيانوسا ئانتاركتىكا

Pohjoinen jäämeri

ئۆكيانوسا ناركتىك

pohjoisnapa

جەمسەرا باكوور

etelänapa

جەمسەرا باشوور

Antarktis

نانتاركتىكا

maa

ئەردە

maa

ئاخ

meri

بەھىر

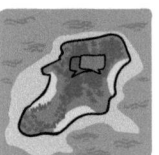

saari

دوورگە

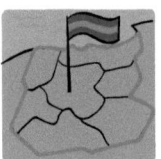

kansa

مىللەت

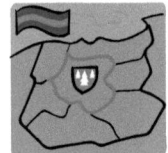

osavaltio

ۋىلايەت

kellotaulu

تابلوی ساعت

tuntiviisari

عقربه شمار ساعت

minuuttiviisari

عقربه شمار دقیقه

sekuntiviisari

عقربه شمار ثانیه

Paljonko kello on?

ساعت چنده؟

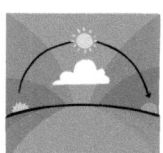

päivä

روز

aika

مدت

nyt

الان

digitaalikello

ساعت دیجیتال

minuutti

دقیقه

tunti

ساعت

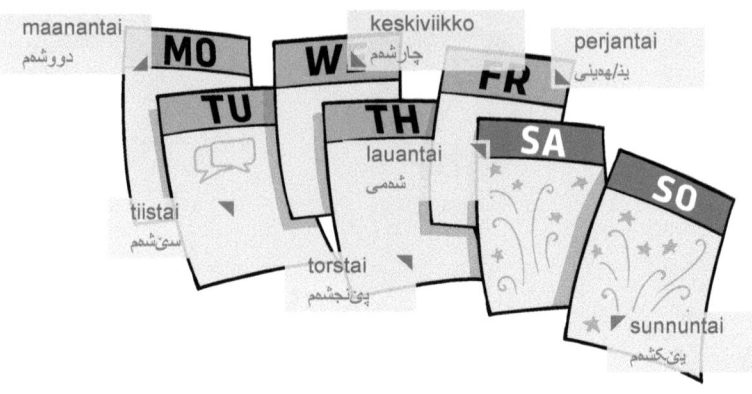

maanantai
دووشەم

keskiviikko
چوارشەم

perjantai
یەک/هەینی

tiistai
سێشەم

lauantai
شەمی

torstai
پێنجشەم

sunnuntai
یەک‌شەم

eilen

دوه

tänään

ئیرۆ

huomenna

سبهی

aamu

سبه

keskipäivä

نیوەڕۆ

ilta

ئێوارە

työpäivät

رۆژەن کاری

viikonloppu

داویا هەفتە

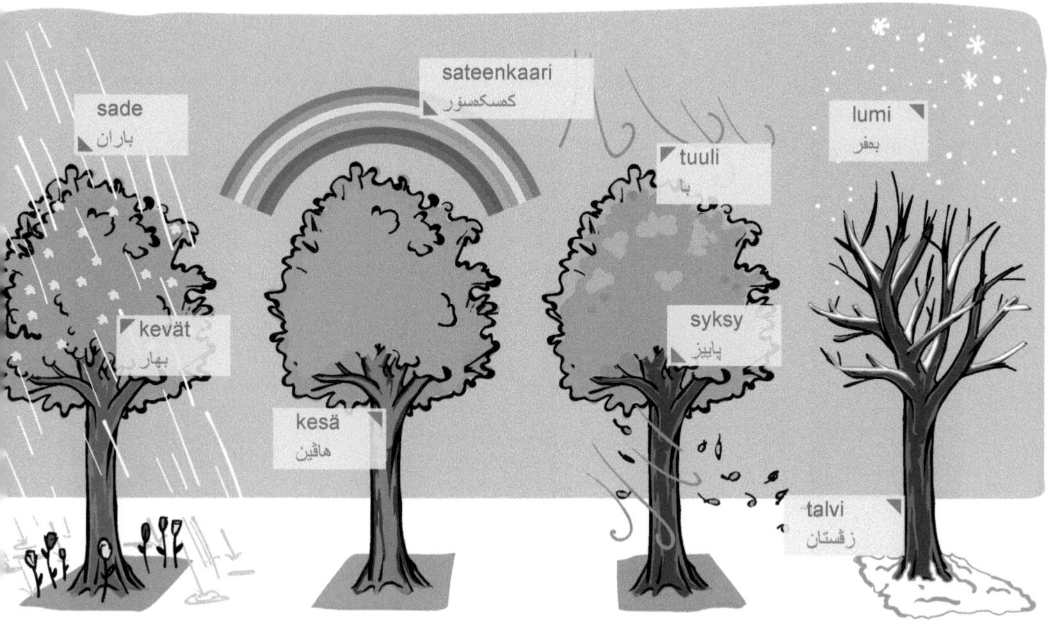

sade
باران

sateenkaari
كمكسؤر

lumi
بمقر

tuuli
با

kevät
بهار

syksy
پاييز

kesä
هاقين

talvi
زمستان

sääennuste

پێشبینیا هەوا

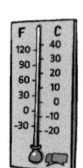

lämpömittari

تەمپنیڤ

auringonpaiste

تاڤ

pilvi

هەور

sumu

مژ

ilmankosteus

هێمی

salama

برق

ukkonen

برووسک

myrsky

توّفان

rae

تمرگ

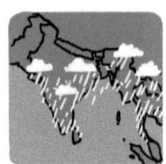

monsuuni

مانسوون

tulva

لمهی

jää

جممد

tammikuu

رێبەندان

helmikuu

رەشمەمە

maaliskuu

نەورۆز

huhtikuu

گولان

toukokuu

جۆزەردان

kesäkuu

پووشپەر

heinäkuu

گەلاوێژ

elokuu

خەرمانان

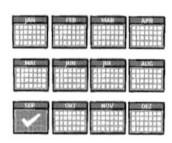

syyskuu

رەزبەر

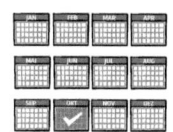

lokakuu

كۆوچئر

marraskuu

سەرماوەز

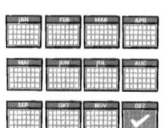

joulukuu

بەفرانبار

ympyrä

چەمبەر

neliö

چارچک

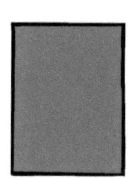

suorakulmio

چارقوزی

kolmio

سێقوزی

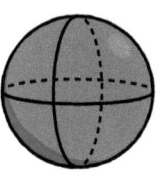

pallo

قادا

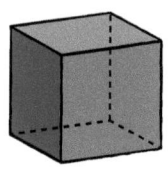

kuutio

خشتەک

valkoinen

سپی

keltainen

زەرد

oranssi

پرتەقالی

vaaleanpunainen

پەمبە

punainen

سۆر

violetti

مۆر

sininen

شین

vihreä

کەسک

ruskea

قەهوەیی

harmaa

گەور

musta

رەش

paljon / vähän

زۆر / کەم

vihainen / ystävällinen

ب هێزرس / بوێدهنگ

kaunis / ruma

جەدمو / نەرند

alku / loppu

دەستپێک / داوی

suuri / pieni

مەزن / بچووک

vaalea / tumma

رۆنی / تاری

veli / sisko

براک / خوشک

puhdas / likainen

پاگژ / گرێژ

täydellinen / epätäydellinen

تەمقی / نەتەمامام

päivä / yö

رۆژ / شەڤ

kuollut / elävä

مری / زندی

leveä / kapea

فره / تەنگ

syötävä / syömäkelvoton

خوش / ناخوش

paha / kiltti

ناباش / باش

innostunut / tylsistynyt

ب همهمجان / ناجز

lihava / laiha

قلمو / زراق

ensimmäinen / viimeinen

یمکممین / داوین

ystävä / vihollinen

همڤال / دژمن

täysi / tyhjä

تژی / ڤالا

kova / pehmeä

رەق / نەرم

painava / kevyt

گران / سڤک

nälkä / jano

برچی / تینی

sairas / terve

ناخوش / ساخ

laiton / laillinen

نەقانوونی / قانوونی

älykäs / tyhmä

روشمنبیر / بالووله

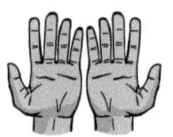

vasen / oikea

چەپ / راست

lähellä / kaukana

نزیی / دوور

uusi / käytetty

نوو / بکارهاتی

ei mitään / jotain

هیچ / تشتەک

vanha / nuori

کال / جوان

päällä / pois päältä

ل / ژ

auki / kiinni

قەکری / گرتی

hiljainen / äänekäs

نارام / دەنگبلند

rikas / köyhä

دەولەمەند / ڕەمبەن

oikein / väärin

ڕاست / شاش

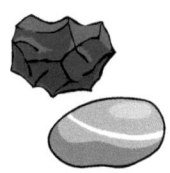

karhea / sileä

دڕ / هلوو

surullinen / iloinen

خەمگین / شا

lyhyt / pitkä

کورت / درێژ

hidas / nopea

هێدی / زوو

märkä / kuiva

شل / زوا

lämmin / viileä

گەرم / هێنک

sota / rauha

شەڕ / ئاشتی

0	**1**	**2**
nolla	yksi	kaksi
سفر	یەک	دوو

3	**4**	**5**
kolme	neljä	viisi
سێ	چوار	پێنج

6	**7**	**8**
kuusi	seitsemän	kahdeksan
شەش	حەوت	هەشت

9	**10**	**11**
yhdeksän	kymmenen	yksitoista
نۆ	دە	یازدە

12

kaksitoista

دوازده

13

kolmetoista

سیزده

14

neljätoista

چهارده

15

viisitoista

پانزده

16

kuusitoista

شانزده

17

seitsemäntoista

هفده

18

kahdeksantoista

هژده

19

yhdeksäntoista

نوزده

20

kaksikymmentä

بیست

100

sata

سد

1.000

tuhat

هزار

1.000.000

miljoona

ملیون

englanti

نینگلیزی

amerikanenglanti

ئنگلیز یا نامەریکی

mandariinikiina

چینی ماندارین

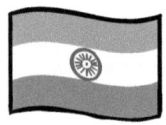

hindi

هیندی

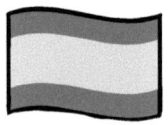

espanja

ئیسپانیۆلی

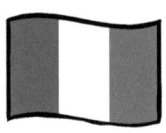

ranska

فرەنسی

arabia

ئەرەبی

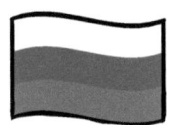

venäjä

رووسی

portugali

پۆرتوگالی

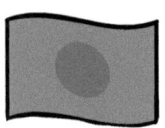

bengali

بەنگالی

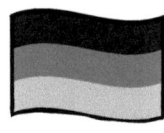

saksa

ئەلمانی

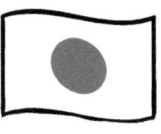

japani

ژاپۆنی

minä

من

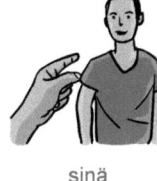

sinä

تو

hän

نُدو / نَدُف / نُدو

me

نُہم

te

تو

he

نُدو

kuka?

کی؟

mitä / mikä?

چ؟

miten?

چاوا؟

missä?

کیدمرئ؟

milloin?

کمنگی؟

nimi

ناڤ

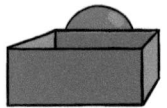

takana

پښتی

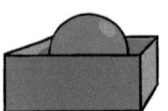

sisällä

edessä

پېشی

yläpuolella

سپر

päällä

سپر

alapuolella

بن

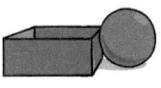

vieressä

کئلهک

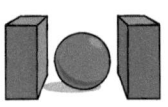

välissä

ناقبهر

paikka

جه